Lerner SPORTS EN ESPAÑOL

LO MEJOR DEL DEPORTE DE TODOS LOS TIEMPOS

G.O.A.T. EN EL GOLF

JACK NICKLAUS, TIGER WOODS Y MÁS

JON M. FISHMAN

ediciones Lerner ◆ Mineápolis

La traducción al español fue realizada por Zab Translation.

ediciones Lerner
Una división de Lerner Publishing Group, Inc.
241 First Avenue North
Mineápolis, MN 55401, EE. UU.

Si desea averiguar acerca de niveles de lectura y para obtener más información, favor consultar este título en www.lernerbooks.com.

Fuente del texto del cuerpo principal: Aptifer Sans LT Pro.
Fuente proporcionada por Linotype AG.

Library of Congress Cataloging-in-Publication Data

Names: Fishman, Jon M., 1975–author.
Title: G.O.A.T. en el golf : Jack Nicklaus, Tiger Woods y más / Jon M. Fishman.
Other titles: Golf's G.O.A.T. Spanish | Golf's greatest of all time
Description: Minneapolis : ediciones Lerner, 2024. | Series: Lerner sports en español. Lo mejor del deporte de todos los tiempos | Includes bibliographical references and index. | Audience: Ages 7–11 | Audience: Grades 2–3 | Summary: "Grab your clubs and head to the putting green to learn about the greatest golfers of all time! Readers will discover exciting stats and information about golf's biggest stars. Now in Spanish!"—Provided by publisher.
Identifiers: LCCN 2023057293 (print) | LCCN 2023057294 (ebook) | ISBN 9798765623985 (library binding) | ISBN 9798765627921 (paperback) | ISBN 9798765630907 (epub)
Subjects: LCSH: Golfers—Biography—Juvenile literature. | Women golfers—Biography—Juvenile literature.
Classification: LCC GV964.A1 F56 2024 (print) | LCC GV964.A1 (ebook) | DDC 796.352092/2 [B]—dc23

Fabricado en los Estados Unidos de América
1-1010039-51848-12/21/2023

CONTENIDO

El primer Masters tuvo lugar en 1934. En esta foto, Craig Wood hace un drive durante el Masters del 1 de abril de 1937.

EL GOLPE INICIAL

Millones de personas juegan al golf. Algunas juegan por diversión y para hacer ejercicio, otras compiten por millones de dólares. Entonces, ¿cómo se elige al más grande de todos los tiempos (G.O.A.T.)? Te ayudará conocer la historia del deporte.

DATOS DE INTERÉS

SAM SNEAD y **TIGER WOODS** están igualados en mayor cantidad de victorias en la PGA (Asociación de Golfistas Profesionales de Estados Unidos), con 82 victorias. Les sigue Jack Nicklaus con 73 victorias.

KATHY WHITWORTH ocupa el primer lugar en la LPGA (Asociación de Golfistas Profesionales Femeninas) con 88 victorias. Eso representa la mayor cantidad de victorias tanto para la PGA como para la LPGA.

ANNIKA SÖRENSTAM encabezó la LPGA en cantidad de victorias durante dos décadas. Ocupa el tercer puesto en la LPGA con 72 victorias.

JACK NICKLAUS ganó el Masters seis veces. En 1986, a la edad de 46 años, se convirtió en el golfista de mayor edad en ganar el Masters.

Durante muchos años, las personas creyeron que el golf se había originado en Escocia. En realidad, nadie sabe con certeza dónde se originó. Algunos expertos creen que proviene de un juego romano de pelota y palo del siglo I. En el siglo XII, las personas practicaban juegos similares al golf en Europa, Asia y África.

El Campeonato Abierto, denominado con frecuencia Abierto Británico, comenzó en Escocia en 1860. Los golfistas competían por un cinturón de campeón. En 1863, el torneo comenzó a otorgar premios en dinero a los mejores jugadores.

El Abierto de Estados Unidos tuvo sus inicios en 1895. En 1916, deportistas y empresarios estadounidenses formaron la PGA. El grupo entrenaba golfistas, organizaba eventos como el Campeonato de la PGA y ayudaba al crecimiento del deporte.

El torneo Masters se inició en Augusta, Georgia, en 1934. El Masters, el Abierto Británico, el Abierto de Estados Unidos y el Campeonato de la PGA son los torneos mayores, los eventos más importantes del golf masculino. Ganar todos ellos constituye un Grand Slam.

En 1950, se formó la LPGA. La LPGA organiza eventos en todo el mundo. Cuenta con cinco torneos mayores: el Abierto Femenino de Estados Unidos, el Campeonato Femenino de la PGA, el Abierto Británico Femenino, ANA Inspiration y el Campeonato Evian.

El 24 de marzo de 1934, Bobby Jones juega al golf como amateur en el Masters.

Althea Gibson prepara un golpe en Pleasant Valley Country Club en 1966.

Inicialmente, las personas de color no podían ser miembros de la PGA, recién pudieron formar parte de la asociación por primera vez en 1961. Ese año, Charlie Sifford fue la primera persona de color en jugar de manera habitual en el PGA Tour. Dos años después, Althea Gibson fue la primera persona de color en la LPGA.

Con los datos históricos del golf en mente, sigue leyendo para conocer a algunos de los más grandes jugadores de este deporte. ¡Luego elige tu propio G.O.A.T.!

N.° 10

PATTY BERG

En las décadas de 1930 y 1940, Patty Berg ganó 22 eventos de golf profesional. De dichas victorias, ocho tuvieron lugar en torneos mayores. En 1950, Berg se convirtió en cofundadora de la LPGA. Fue la primera presidenta del grupo desde 1950 a 1952.

Pero ser presidenta de la LPGA no mantuvo a Berg alejada del campo de golf. Siguió obteniendo triunfos, incluso siete títulos mayores más. Los 15 campeonatos mayores de Berg son los más importantes de la historia del golf femenino. También hizo giras por Estados Unidos con Wilson Sporting Goods para presentar miles de seminarios de golf. Durante los seminarios, Berg bromeaba con los aficionados, hacía gala de sus habilidades en el golf y contribuía a despertar interés por este deporte.

En 1978, la LPGA comenzó a rendirle honores con un premio especial. Cada año, la LPGA otorga el Premio Patty Berg a la golfista que haya ejercido una gran influencia en el deporte.

ESTADÍSTICAS DE PATTY BERG

- Berg ganó 60 eventos profesionales en su carrera.
- En 1935 y 1936, ganó el campeonato amateur del estado de Minnesota.
- En 1938, Berg ganó nueve eventos, incluido el título nacional amateur de Estados Unidos.
- Encabezó la LPGA en premios en dinero obtenidos en 1954, 1955 y 1957.
- Entre 1948 y 1962, Berg alcanzó 44 victorias.

N.º 9

SAM SNEAD

Sam Snead aprendió solo a jugar al golf cuando tenía unos 7 años. Snead le pegaba a las bolas con los palos de golf que su padre había fabricado con un árbol de arce, cerca de su casa en Virginia. Cuando creció, desarrolló uno de los mejores swings de ese deporte. Su movimiento fácil y elegante creaba una potencia increíble. Otro jugador de golf dijo una vez que Snead se desenvolvía tan

naturalmente en el campo de golf como un pez en el agua.

Pocos deportistas han jugado en el más alto nivel del golf durante tanto tiempo como Snead. Se convirtió en golfista profesional en 1933 y ganó su primer evento en 1937. En las cuatro décadas siguientes, Snead continuó jugando al golf y ganando. En 1965, ganó el Gran Abierto de Greensboro, denominado actualmente Campeonato de Wyndham, a los 52 años de edad. Eso lo convirtió en el golfista de mayor edad en ganar un evento del PGA Tour. Era la octava victoria de Snead en el torneo.

ESTADÍSTICAS DE SAM SNEAD

- Snead ganó 82 eventos profesionales.
- Ganó tres campeonatos de la PGA, tres Masters y un Abierto Británico.
- En 1950, Snead ganó 11 eventos de la PGA.
- Encabezó el PGA Tour en premios en dinero obtenidos en 1938, 1949 y 1950.
- En 1998, Snead recibió el Premio a la Trayectoria del PGA Tour.

N.º 8

BABE DIDRIKSON ZAHARIAS

De pequeña, Babe Didrikson Zaharias consiguió una vez cinco cuadrangulares en un juego de béisbol. En los Juegos Olímpicos de 1932 en Los Ángeles, California, ganó dos medallas de oro y una medalla de plata en eventos de atletismo. También jugó a los bolos, al baloncesto, al tenis y al billar. Zaharias alcanzó el éxito en una amplia gama de deportes, pero causó su mayor impacto en el golf.

Zaharias ganó 17 eventos como amateur en 1946 y 1947. Más adelante en ese mismo año, se convirtió en profesional de tiempo completo y dominó el golf femenino. Incluso compitió en varios eventos de la PGA. Zaharias es la única mujer que superó el corte y compitió hasta el final de un evento del PGA Tour. En 1953, comenzó un tratamiento contra el cáncer. Varios meses después de someterse a una intervención para detener la enfermedad, ganó el Abierto Femenino de Estados Unidos de 1954. Zaharias falleció en 1956 a los 45 años.

ESTADÍSTICAS DE BABE DIDRIKSON ZAHARIAS

- Zaharias ganó 41 eventos profesionales.
- Ganó 10 torneos mayores.
- Fue cofundadora de la LPGA.
- Zaharias ganó el premio a la Deportista Femenina del Año de AP en 1932, 1945, 1946, 1947, 1950 y 1954.
- Entró en el Salón de la Fama del Golf Mundial en 1974.

N.º 7

MICKEY WRIGHT

Mickey Wright comenzó a jugar al golf cuando tenía 12 años. Cinco años después, ganó el campeonato nacional juvenil de Estados Unidos. En 1954, Wright asistió a la Universidad de Stanford en California. Ese año, compitió en el Abierto Femenino de Estados Unidos y terminó en primer lugar entre las amateurs. Después de asistir solo un año a la universidad, Wright abandonó Stanford para convertirse en golfista profesional de tiempo completo.

La leyenda del golf Ben Hogan dijo que Wright tenía el mejor swing de golf que jamás haya visto. Le pegaba a la bola lanzándola más lejos que la mayoría de sus oponentes. El swing de Wright la ayudó a dominar la LPGA. En 1963, ganó 13 eventos y dominó el circuito. El siguiente año, ganó 11 torneos de la LPGA. Wright ganó los dos años el premio a la Deportista Femenina del Año de Associated Press.

ESTADÍSTICAS DE MICKEY WRIGHT

- Wright ganó 82 eventos profesionales.
- Ganó 13 torneos mayores.
- En 1961 y 1962, Wright se convirtió en la única mujer en ganar cuatro torneos mayores seguidos.
- Ganó un evento por año del LPGA Tour entre 1956 y 1969.
- En 1999, la Associated Press nombró a Wright la golfista femenina del siglo.

N.º 6

GARY PLAYER

Gary Player es una superestrella del golf mundial. Nació en Johannesburgo, Sudáfrica, en 1935 e ingresó al PGA Tour en 1957. Entre 1959 y 1962, Player ganó el Abierto Británico, el Masters y el Campeonato de la PGA. Cuando ganó el Abierto de Estados Unidos en 1965, se convirtió en el tercer hombre en completar el Grand Slam. Player ganó 24 eventos de la PGA en su carrera, pero eso es solo una parte del total de victorias. También ganó eventos profesionales en circuitos de golf de Europa, Asia y África.

En 1985, Player comenzó a competir en los eventos de PGA Tour Champions. Los eventos de Tour Champions son para jugadores de 50 años de edad o más. El circuito tiene su propio conjunto de torneos mayores y Player ganó todos. Es la única persona en la historia del golf en ganar Grand Slams en el PGA Tour y en PGA Tour Champions.

ESTADÍSTICAS DE GARY PLAYER

- Player ganó 167 eventos profesionales.
- Ganó nueve torneos mayores del PGA Tour.
- Ganó nueve torneos mayores de PGA Tour Champions.
- En 1961, Player encabezó el PGA Tour en premios obtenidos en dinero.
- Entró en el Salón de la Fama del Golf Mundial en 1974.

N.º 5

KATHY WHITWORTH

Si tomamos en cuenta el registro de Kathy Whitworth en los eventos más grandes del golf, no entra en el ranking como una de los G.O.A.T. Whitworth ganó solo seis torneos mayores en su carrera, menos que otras grandes golfistas. Pero compensó la falta de éxito en torneos mayores ganando más torneos profesionales que nadie.

Whitworth comenzó a jugar al golf cuando tenía 15 años, pero se aficionó al deporte rápidamente. Ganó el título estatal amateur de Nuevo México en 1957 y 1958. Whitworth ingresó a la LPGA en 1958, pero no comenzó a ganar de inmediato. Su primera victoria llegó en 1962. Tras esa primera victoria, nadie pudo detenerla. Whitworth ganó por lo menos un torneo al año entre 1962 y 1978. Finalizó su carrera con 88 victorias. Eso significa que alcanzó más victorias que nadie en la LPGA y la PGA.

ESTADÍSTICAS DE KATHY WHITWORTH

- Whitworth ganó 88 eventos de la LPGA, más que ninguna otra jugadora de golf.
- Entre 1963 y 1973, encabezó la LPGA en premios en dinero obtenidos ocho veces.
- Se convirtió en la primera golfista de la LPGA en ganar más de un millón de dólares de premios en dinero.
- Whitworth ganó el premio a la Jugadora del Año de la LPGA siete veces.
- Entró en el Salón de la Fama del Golf Mundial en 1982.

N.º 4

BEN HOGAN

Nadie trabajó con tanto empeño como Ben Hogan. Practicaba hasta que el swing y el control del golpe fueran perfectos. Durante los partidos, era intenso y centrado. Hogan cumplió servicios en el Ejército de Estados Unidos durante la Segunda Guerra Mundial (1939–1945). Después de la guerra, ganó su primer torneo mayor en el Campeonato de la PGA de 1946. En 1948, ganó el Campeonato de la PGA y el Abierto de Estados Unidos.

Entre 1946 y 1949, Hogan ganó 37 eventos profesionales. Luego, en febrero de 1949, resultó herido de gravedad en un accidente automovilístico. Los médicos creyeron que nunca volvería a caminar.

No obstante, Hogan asumió su recuperación del mismo modo que asumía todo: con esfuerzo. Jugó en un evento de la PGA menos de un año después del accidente. Unos meses después, ganó el Abierto de Estados Unidos. Hogan ganó nueve torneos mayores. Seis de dichas victorias tuvieron lugar después del accidente.

ESTADÍSTICAS DE BEN HOGAN

- Hogan ganó 64 eventos del PGA Tour.
- Se convirtió en el segundo jugador de la PGA en alcanzar el Grand Slam cuando ganó el Abierto Británico de 1953.
- En su carrera, Hogan compitió en 16 torneos mayores y ganó nueve de ellos.
- Encabezó el PGA Tour en premios en dinero obtenidos cinco veces.
- Ganó el premio al Jugador del Año del PGA Tour cuatro veces.

N.º 3

ANNIKA SÖRENSTAM

Annika Sörenstam creció en Estocolmo, Suecia, y amaba los deportes. Jugaba tenis, fútbol y bádminton. Empezó a jugar al golf cuando tenía 12 años. Sörenstam asistió a la Universidad de Arizona y ganó el campeonato nacional universitario de 1991. En 1993, se profesionalizó. Entró al Ladies European Tour y ganó el premio a la Novata del Año. Al año siguiente, abandonó el European Tour y ganó el mismo título en la LPGA.

Sörenstam dominó la LPGA a fines de la década de 1990, al ganar 20 eventos entre 1996 y 2000. Y fue aún mejor a comienzos de la década de 2000. Entre 2001 y 2005, ganó 35 torneos. Ninguna jugadora en la historia de la LPGA había ganado tantos eventos tan rápidamente.

En 2007, Sörenstam creó la Fundación ANNIKA. El grupo promueve estilos de vida saludables y apoya a las jóvenes golfistas. Sörenstam quería pasar más tiempo en su fundación y dedicarse a otros intereses. En 2008, se retiró de la LPGA después de 16 años increíbles.

ESTADÍSTICAS DE ANNIKA SÖRENSTAM

- Sörenstam ganó 72 eventos de la LPGA.
- Ganó 10 torneos mayores.
- Sörenstam encabezó la LPGA en cantidad de victorias durante la década de 1990 (18) y la década de 2000 (54).
- Ganó ocho premios a la Jugadora del Año de la LPGA.
- Sörenstam entró en el Salón de la Fama del Golf Mundial en 2003.

N.º 2

JACK NICKLAUS

Jack Nicklaus se enamoró del golf cuando tenía 10 años. Pronto, empezó a alcanzar puntuaciones increíbles en eventos amateur. En la Universidad Estatal de Ohio ganó títulos amateur de Estados Unidos en 1959 y 1961. En enero de 1962, Nicklaus jugó su primer evento de la PGA. Logró superar el corte en el Abierto de Los Ángeles, pero terminó en el último lugar. Ganó $33,33 en premios en dinero.

Pronto, Nicklaus comenzó a ganar mucho más dinero. Tuvo éxito en los eventos más grandes del golf. Su historial en los torneos mayores de la PGA es el mejor de todos los tiempos. En junio de 1962, ganó el Abierto de Estados Unidos. Nicklaus ganó el Campeonato de la PGA y el Masters en 1963. Su victoria en el Abierto Británico de 1966 le otorgó el Grand Slam. Siguió jugando hasta alcanzar dos Grand Slams más en su carrera. Los 18 títulos en torneos mayores de Nicklaus son los más importantes de la historia de la PGA.

ESTADÍSTICAS DE JACK NICKLAUS

- Nicklaus ganó 73 eventos del PGA Tour.
- Encabezó el PGA Tour en premios en dinero obtenidos ocho veces.
- Nicklaus encabeza la lista de todos los golfistas con seis victorias en Masters.
- Ganó el premio al Jugador del Año del PGA Tour cinco veces.
- Su última victoria en un torneo mayor fue en el Masters de 1986, 24 años después de su primera victoria en un torneo mayor.

N.º 1

TIGER WOODS

Mucho antes de que Tiger Woods jugara su primer evento de la PGA, los aficionados al golf sabían que él era especial. Comenzó a hacer un swing con un palo a los seis meses de edad. Cuando tenía dos años, jugaba al golf en televisión. Woods tenía talento y preparó la mente y el cuerpo para triunfar. En 1996, Woods ganó su sexto título nacional amateur. Estaba preparado para la PGA y el golf nunca volvería a ser lo mismo con él.

Woods comenzó a ganar eventos de la PGA de inmediato. En 1997, a los 21 años de edad, se convirtió en el jugador de golf más joven en ganar el Masters. Cuando ganó el Abierto Británico de 2000, se convirtió en el ganador más joven de un Grand Slam de golf. Woods tenía una popularidad increíble entre los aficionados. Cada vez más personas comenzaron a ver golf en los eventos y en televisión. El Efecto Tiger contribuyó a aumentar los premios en dinero de los eventos de la PGA. Esa es una razón por la que encabeza la lista de todos los golfistas con más de 120 millones de dólares de ganancias.

ESTADÍSTICAS DE TIGER WOODS

- Woods iguala a Sam Snead en mayor cantidad de victorias en la historia del PGA Tour (82).
- Woods ganó 15 torneos mayores.
- Conquistó el Grand Slam tres veces.
- A partir del Abierto de Estados Unidos de 2000, Woods ganó los cuatro torneos mayores seguidos. Los aficionados lo llamaban Tiger Slam.
- Encabezó el PGA Tour en premios en dinero obtenidos 10 veces.

TU G.O.A.T.

¿ESTÁS LISTO PARA HACER TU PROPIA LISTA DE G.O.A.T? Hojea el libro una vez más y piensa en los jugadores de golf. ¿Quién crees que ocupa un lugar demasiado bajo? ¿Quién no debería siquiera estar entre los 10 primeros? Crea tu propia lista según tu parecer.

Muchos grandes jugadores de golf no superaron el corte y no están en este libro. Lee la sección Más Información de la página 31 para saber cómo encontrar los récords de otros grandes jugadores de golf. Busca libros de golf en la biblioteca y conversa con personas a las que les guste el golf. Podrían tener su opinión formada acerca del G.O.A.T. Mira tu lista una vez más. ¿Quién superaría el corte? ¡Tú decides!

ALGUNOS DATOS SOBRE EL GOLF

- El golf es un juego popular entre los presidentes de Estados Unidos. El presidente William Howard Taft (1909–1913) fue el primero en declarar públicamente que jugaba al golf. De los últimos 19 presidentes, 16 fueron jugadores de golf.

- Bobby Jones es el único jugador de golf que ganó todos los torneos mayores en un solo año. Otros cinco jugadores de golf han logrado Grand Slams en sus carreras.

- Una de las fechas más famosas en la historia del golf es quizás el 6 de febrero de 1971. ¡Ese día, el astronauta estadounidense Alan Shepard golpeó bolas de golf en la luna!

- Un campo de golf en Sano, Japón, tiene el hoyo más largo del mundo. La distancia entre el tee y el hoyo es de 2890 pies (881 m).

- El golf es un verdadero deporte mundial. Se juega en casi 40 000 campos de golf en más de 200 países.

GLOSARIO

amateur: persona que participa en una actividad por placer y no por un pago

bádminton: juego que se disputa con raquetas en una pista que tiene una red

billar: también conocido como pool, juego que se disputa metiendo bolas adentro de troneras en una mesa grande

cofundador: una de las dos o más personas que da origen a algo, por ejemplo, una organización

corte: instancia en la cual los golfistas con peores puntajes quedan eliminados de la competencia tras las primeras rondas de un torneo

Grand Slam: logro de ganar todos los eventos mayores de la LPGA o la PGA

mayor: se les dice a los eventos más importantes de un circuito de golf

PGA Tour: el nivel más alto del golf profesional en Estados Unidos, disputado principalmente por hombres

profesional: que participa en una actividad para ganar dinero

seminario: grupo de personas que se reúne para aprender una habilidad

MÁS INFORMACIÓN

Glave, Tom. *Tiger Woods vs. Jack Nicklaus*. Mineápolis: Abdo, 2018.

Golf—*Sports Illustrated Kids*
https://www.sikids.com/tag/golf

Leed, Percy. *Tiger Woods: Major Winner*. Mineápolis: Lerner Publications, 2021.

LPGA
https://www.lpga.com

Wells, Donald. *Golf*. Nueva York: AV2 by Weigl, 2020.

World Golf Hall of Fame
https://www.worldgolfhalloffame.org

ÍNDICE

CRÉDITOS POR LAS FOTOGRAFÍAS

Créditos de las imágenes: AP Photo/Uncredited, pp. 4, 10, 20; AP Photo/Associated Press, pp. 6, 8, 12, 13 (arriba, abajo), 15 (arriba), 16, 17 (arriba), 18, 21 (abajo), 24, 25 (arriba); AP Photo/Bill Chaplis, pp. 7, 19 (arriba); Everett Collection Inc/Alamy Stock Photo, p. 9 (arriba); Everett Collection Historical/Alamy Stock Photo, p. 9 (abajo); AP Photo/Horace Cort, p. 11 (arriba); AP Photo/Anonymous, p. 11 (abajo); AP Photo/Larry Stoddard, p. 14; Alon Alexander/Alamy Stock Photo, p. 15 (abajo); AP Photo/Steve Helber, p. 17 (abajo); AP Photo/Jim Bourdier, p. 19 (abajo); AP Photo/Dennis Lee Royle, p. 21 (arriba); AP Photo/Krista Niles, p. 22; AP Photo/Tony Cheng, p. 23 (arriba); AP Photo/Karl Deblaker, p. 23 (abajo); AP Photo/Al Messerschmidt Archive, p. 25 (abajo); AP Photo/Kydpl Kyodo, pp. 26, 27 (abajo); AP Photo/Amy Sancetta, p. 27 (arriba); cloki/Shutterstock.com, p. 28.

Portada: Valentin Valkov/Shutterstock.com (campo de golf); AP Photo/Bill Haber (Jack Nicklaus); AP Photo/Robin Alam/Icon Sportswire (Tiger Woods).